16° L⁵⁷.6
128A6

AF226839

A LA SOCIÉTÉ D'ÉDITIONS

I

NON, IL N'Y A PLUS DE MAISON D'ORLÉANS

A UN LÉGITIMISTE

Le 30 mai 1900, anniversaire du martyre de Jeanne d'Arc.

Cher Monsieur,

Eh quoi! l'expérience du passé ne sert donc à rien pour certains légitimistes? Ce seront donc toujours pour eux les mêmes errements inexplicables?

Avant d'avoir fait la Restauration monarchique, ils voudraient donc préparer déjà un nouveau 1830? Ils voudraient donc lui inoculer le virus orléaniste dont elle mourrait?

« Gardez bien cette plume qui vient de signer, sur vos instantes sollicitations, le décret qui confère le titre d'Altesse Royale au duc d'Orléans, elle servira à signer votre abdication » : c'étaient les paroles prophétiques adressées par Louis XVIII au comte d'Artois qui devait être Charles X second.

Si notre Roi faisait entrer dans les rangs de la famille royale le duc d'Orléans actuel, je n'hésiterais pas à lui tenir le même langage.

Cette Maison Egalité a donc quelque chose de la sirène ou du serpent pour fasciner ainsi ceux qui ne devraient ressentir pour elle, sinon la haine, au moins la répulsion de la victime pour le malfaiteur.

Est-ce politique, est-ce moral de chercher à faire endosser par la Maison de Bourbon le discrédit, le mépris universel dont l'opinion publique a flétri cette race de parricides, de parjures et d'usurpateurs?

Mais les horreurs commises par le monstre Egalité Ier auraient dû suffire pour faire exclure toute sa descendance de toutes prérogatives princières.

Mais les crimes d'assassinat et d'usurpation dont Louis-Philippe a été le principal coupable, mais la révolte, le parjure et les idées ultra-révolutionnaires de son fils aîné, le duc d'Orléans, la complicité républicaine et maçonnique de ses autres fils, la trahison du comte de Paris et sa lugubre comédie de Frohsdorf et son usurpation, ne sont-ils donc pas des actes successifs de forfaiture qui entachent pour toujours une pareille famille ?

La morale proclamerait seule sa déchéance si la doctrine de l'Eglise et la tradition française n'étaient pas là pour l'exiger.

Mais il suffit d'être un vrai chrétien pour comprendre qu'il ne saurait en être autrement et que le cas d'indignité exclue du bénéfice de la loi de la primogéniture.

C'est confirmé par le droit européen lui-même, d'accord en cela avec la loi salique, dont il est l'interprète autorisé ; il requiert aujourd'hui, comme il y a quinze siècles, les mêmes conditions pour la succession au trône :

1° Le successeur doit être l'aîné de la race aînée, issu du mariage chrétien avec une princesse d'une Maison souveraine ou appartenant à une Maison ayant régné ;

2° Il doit être ORTHODOXE ;

3° Il ne doit pas être, par lui ou ses ascendants, coupable ou complice d'attentats régicides perpétrés en vue d'une usurpation.

Le droit européen est donc conforme, en cette matière, au droit chrétien, à l'Evangile.

Dieu a dérogé plusieurs fois à sa loi de la primogéniture pour écarter un indigne : l'Ecriture Sainte l'atteste.

En outre, les Souverains Pontifes ont toujours eu le droit d'excommunier et de déposer un souverain infidèle à sa mission et de délier ses sujets du serment de fidélité : ce qu'ils n'auraient pas pu faire si la question d'indignité n'avait pas été un cas d'exclusion pour les princes.

Ils sont donc indignes de tous droits princiers et frappés d'incapacité radicale, les descendants d'Egalité Ier, qui a fait guillotiner Louis XVI pour se mettre à sa place, de Louis-Philippe ou Egalité II, complice du même forfait, qui, plus tard, a usurpé le trône avec l'appui de l'Angleterre maçonnique. Tous les Egalité, leurs descendants, portent et porteront la malédiction des parricides et des régicides, héréditaire, d'après l'Ecriture Sainte, jusqu'à la quatrième génération.

Ces prétendus princes, qui n'ont cessé de conspirer contre le Roi légitime pour le supplanter, comment auraient-ils pu, en outre, être déclarés dignes d'être appelés un jour, le cas échéant, à jouir de cette autorité royale qu'ils ont niée, qu'ils ont combattue, qu'ils ont trahie toujours ?

Et à ce sujet, le souvenir de la princesse Amélie ne saurait nous toucher ; elle n'était pas bien intéressante, puisqu'elle avait eu l'impudeur d'épouser le fils d'un monstre, monstre lui-même qui s'était enfui du camp de Dumouriez pour venir se repaître du supplice de Louis XVI. N'était il pas, en effet, avec son hideux père, aux pieds de l'échafaud, ne pouvant, ainsi que lui, retenir un sourire infernal, une joie féroce, quand la tête du Roi fut montrée au peuple par le bourreau ? il applaudissait les tigres qui trempaient leurs piques dans le sang de la noble victime.

Si elle avait eu du cœur, ou simplement un vulgaire sens moral, cette princesse, elle aurait repoussé les avances de cet Egalité II qui venait de faire assassiner le duc de Berry et, plus tard, elle l'aurait empêché d'enfermer la duchesse de Berry, sa cousine, dans la citadelle de Blaye, elle aurait veillé sur ses jours et aurait conjuré son mari de renoncer à ses procédés infâmes pour chercher à la déshonorer. Ah! il ne faut pas faire une auréole à cette femme qui a commis une véritable forfaiture en entrant dans la Maison des Egalité, car les vrais légitimistes protesteraient.

L'Egalité d'aujourd'hui est aussi enjuivé que ses ancêtres; comme eux, il a fait acte de complicité avec la franc-maçonnerie ; la fameuse « partie liée » du comte de Paris avec le pouvoir a toujours subsisté dans l'ère de la persécution religieuse, dans le dreyfusisme, car l'orléanisme est le seul parti où l'on se soit prononcé contre l'armée, dans le procès même de la Haute-Cour, malgré toutes les apparences.

Comment pouvez-vous penser que le Roi légitime consente jamais à le faire entrer, sur sa demande, dans la famille royale et accepte ainsi, devant l'opinion publique, et ses compromissions et sa connivence avec la juiverie maçonnique, avec l'ennemie de l'ordre social?

Il n'aurait, du reste, pas le droit de le relever de sa déchéance, parce qu'Egalité V a fait acte d'usurpateur et que ce crime, prévu par les lois de la Monarchie, le rend justiciable de la Haute-Cour Royale.

Mais, comme j'ai eu l'honneur de vous le dire, *il n'y a plus de Maison d'Orléans*. Et si j'affirme cela, c'est que je m'appuie sur les témoignages des historiens de l'époque, témoignages qu'on ne peut révoquer en doute.

Aussi l'abbé Gaboriau pouvait-il intituler ainsi un chapitre de l'*Histoire des Egalité* : « *Le cinquième duc d'Orléans ou Philippe-Egalité. La vie de sa mère trop connue. Le nom de son père pas assez connu.* SA BATARDISE CERTAINE. *Aveux écrits formels et multipliés de sa mère. Témoignages nombreux et variés.* »

Tout le Paris d'alors croyait à l'illégitimité de Philippe-Egalité et de sa sœur. Pas un des mémoires du temps qui ne constate ce fait. Il faut lire à ce sujet les mémoires de la marquise de Créqui, si pieuse, si sincère, ceux de Galart de Montjoie, avocat au Parlement de Paris, mort en 1816, intitulés : *Histoire de la Conjuration d'Orléans* et *Histoire de la Révolution de France*; ceux du marquis d'Argenson, familier de la Maison d'Orléans, chancelier de l'un de ses ducs, ayant pour titre : *Mélanges*; ceux de Jean Dugas de Bois-Saint-Just, ancien officier aux gardes françaises, mort près de Lyon, en 1820, dont l'ouvrage *Paris-Versailles et les provinces* est rempli des détails les plus intéressants et des anecdotes les plus curieuses; il faut lire encore *Le Journal de Luynes*.

Tous nos meilleurs historiens : Michaud, Laurentie, Crétineau-Joly, etc., reproduisent et admettent les mêmes récits.

Et, en outre de ces témoignages irréfutables, nous avons les aveux de la famille elle-même.

La marquise de Créqui fait connaître, en ses *Souvenirs*, ce couplet écrit par la mère d'Egalité dans son testament :

> Monseigneur d'Orléans,
> VOS PRÉTENDUS ENFANTS
> Sont l'objet du mépris
> De tout Paris...

Quand le jeune Egalité eut atteint l'âge de discernement, il redisait à ses précepteurs au sujet de sa naissance : « *Allons donc! ma mère en a fait bien d'autres! Et vous savez bien que je ne suis pas le fils de Monseigneur!* »

De qui tenait-il cela, si ce n'est de sa mère et de la notoriété publique?

La rupture des rapports de la duchesse d'Orléans avec son mari remontait à la seconde année du mariage. En 1745, après un rapide passage au camp, où, par caprice, elle avait voulu suivre le duc d'Orléans, elle revint seule au Palais-Royal. Là, dès le premier jour, elle laissa tomber le masque, fit parade des débauches les plus échevelées et afficha ses relations adultères. Le duc n'ignora rien; prenant son parti d'un cœur léger, il continua la campagne de 1745 suivie sans interruption de celles de 1746 et de 1747; en qualité de lieutenant-général, il assista aux batailles de Fontenoy (1745), de Raucoux (11 oct. 1746), de Lawfeld (2 juillet 1747). La duchesse, elle, mettait au monde, le 13 avril 1747, le futur citoyen Egalité.

Il y a un témoignage tout aussi irrécusable que les précédents, celui du troisième duc d'Orléans. A ses derniers moments, la veille et l'avant-veille de sa mort, l'archevêque de Paris, le curé de sa paroisse et plusieurs autres personnes, parmi lesquelles le futur Egalité et sa sœur, vinrent le tourmenter; ils le sommèrent d'avoir à les reconnaître pour son petit-fils et pour sa petite-fille et le menacèrent, s'il n'y consentait pas, non seulement de lui refuser les derniers sacrements, mais de le frapper d'excommunication : « IL S'Y REFUSA JUSQU'A LA FIN, dit le marquis d'Argenson, ET IL EST MORT DANS CES SENTIMENTS. LES ASSISTANTS ONT PROMIS DE N'EN JAMAIS PARLER, ajoute-t-il, MAIS PEU A PEU LES GRANDS SECRETS TRANSPIRENT ».

M. Bouettin, curé de Saint-Étienne-du-Mont, lui refusa les derniers sacrements, d'après les ordres de l'archevêque; mais l'aumônier particulier du prince prit la permission de les lui administrer secrètement.

Vous le voyez, les témoignages sont des plus sérieux, de nature à faire étudier la question par une commission d'historiens nommée à cet effet.

C'est ce que je demanderai dès l'avènement de la Monarchie légitime.

Et, du reste, les révélations qui vont se faire sur l'Orléanisme seront telles que la famille Égalité, maudite déjà de Dieu, sera maudite de tous les Français; ce serait bien téméraire, après cela, de prendre parti pour elle, car ce serait prendre parti pour ses forfaitures.

II

LES TÉMOIGNAGES

M. Perrot de La Rosemontoise a réuni en un fascicule publié à Einsielden plusieurs documents qui avaient été publiés déjà par l'*Indépendant de Boulogne-sur-Mer*.

Ces divers actes tendent à prouver que Louis-Philippe-Joseph, Duc d'Orléans, alors Duc de Chartres, portant à l'étranger le nom de Comte de Joinville, aurait échangé, en avril 1773, une fille qui lui était née alors en Italie, de la Duchesse sa femme, contre un enfant mâle, fils de l'huissier public et geôlier Lorenzo Chiappini, que cet enfant aurait été transporté en France et ondoyé le 6 octobre, sous les noms de Louis-Philippe.

L'auteur du *Réquisitoire à la Haute-Cour contre le groupe Royaliste tel qu'il y aurait lieu de le prononcer*, n'est pas d'accord avec M. Perrot au sujet de la date du baptême; il déclare que, « fait bien singulier et bien grave, il n'y a pas eu à Paris d'acte dressé de la naissance de Louis-Philippe et qu'il ne fut baptisé que douze ans plus tard. »

Le principal des documents est le jugement obtenu par Maria Stella, de la Cour épiscopale de Faënza, 29 mai 1824, reconnaissant qu'elle est née du comte et de la comtesse de Joinville et l'autorisant à faire en conséquence rectifier le registre de baptême où elle était inscrite comme fille de Chiappini.

M. de La Rosemontoise donne deux lettres, l'une de l'évêque de Faënza (29 septembre 1882), l'autre de l'abbé César Monti, de la même ville (19 février 1883), révélant qu'en 1833 le dossier du procès de 1824 a disparu des archives de l'Évêché où il avait existé jusqu'alors. On n'y trouve plus que l'enveloppe côtée n° 9, avec une note qui indique la remise de l'original à l'évêque d'alors, Monsignor Folicaldi. L'évêque actuel, Monsignor Angelo, témoigne hautement qu'à l'époque du jugement, « la curie de Faënza était présidée par un vicaire capitulaire qui joignait à la bonté, la sagesse, la doctrine et la force de caractère. »

Le procès a été réel, conclue M. de La Rosemontoise, les juges étaient intègres ; si la sentence eût été favorable à Louis-Philippe Ier, elle n'eut point été soustraite à la curiosité publique ; donc, *il n'y a plus de Maison d'Orléans* : c'est du reste le titre donné par l'auteur à la brochure d'Einsiedlen.

Ajoutons que Maria Stella épousa lord Newborough, pair d'Angleterre, et, en secondes noces, le baron de Sternberg, officier de la Cour de Russie. Si elle avait été la fille d'un geôlier, aurait elle fait de pareilles alliances ?

A propos de cette affaire, nous trouvons dans le mémoire intitulé : *Maria Stella, ou Echange criminel d'une demoiselle du plus haut rang contre un garçon de la condition la plus vile, Paris, 1830*, une lettre de madame de Genlis à M. de Chartres du 15 février 1796 où, sous prétexte d'inspirer des sentiments contraires à l'ambition connue de sa famille, elle appelle l'attention publique sur les apparentes vertus qu'elle lui avait inculquées *et les talents qu'elle lui avait donnés !* « Vous prétendre à la royauté, lui disait elle, devenir un usurpateur pour abolir une république que vous avez reconnue, que vous avez chérie et pour laquelle vous avez combattu vaillamment !... Pourriez vous, en montant sur ce trône sanglant et renversé, vous flatter même de donner la paix à la France ! » Et Maria Stella s'écrie, à la suite de cette lettre : « Elle eût pu ajouter : *et en passant sur le corps de quatre « branches de la famille de Louis XIV.* »

Voilà donc encore un témoignage de la façon de penser de cette époque sur la hiérarchie de la maison de France. Dans la manière de voir du jurisconsulte qui a rédigé ce mémoire pour Maria Stella, les d'Orléans ne venaient à la couronne qu'après les branches royales de France, d'Espagne, des Deux-Siciles, de Parme.

Cette opinion n'était nullement suggérée par l'aversion des royalistes contre Louis-Philippe devenu l'usurpateur du *trône sanglant* : le mémoire en question est du commencement de 1830 et, par conséquent, antérieur à la Révolution de juillet ; c'est M. Dupin qui nous l'apprend dans ses écrits (tome 1er, p. 332-334), où il qualifie *d'intrigante* Maria Stella.

Ce n'est pas l'avis de Michaud. Dans la biographie de Louis-Philippe, ex-roi des Français, il expose son système de défense, l'accompagnant de ces graves paroles :

« *Nous désirons qu'il en résulte une sanction complète et qu'il soit enfin prouvé qu'elle commença par un faux et un mensonge, cette vie qui ne devait être qu'un long tissu de fourberies et d'impostures...*

« *Ainsi, il ne serait pas même Français celui qui vient de quitter la France si honteusement ;* nous désirons sincèrement qu'il en soit ainsi et, si l'on ajoute à ce fait la méprisable déclaration que son père, Louis-Philippe Joseph, dit Egalité, fit à la commune de Paris en 1792 sur les dérèglements de sa mère et l'illégitimité de sa propre naissance, *on sera bien assuré qu'il ne circule pas dans les veines de cette famille une goutte de sang de Henri IV :* il se déclara fils d'un cocher nommé Lacroix, que nous avons vu à Paris en 1810 dans les dernières années de sa vie et qui ressemblait en effet beaucoup au duc d'Orléans, mort en 1793 ; il aurait été cocher du banquier Dumet. »

Michaud n'avait pas attendu la chute de Louis-Philippe pour proclamer ces faits ; dans son histoire du président Hainault, il avait dit, dès 1840 : « Le duc d'Orléans... change par acte authentique, 14 septembre 1792, son nom de famille pour celui de Louis-Philippe-Joseph Egalité ; cet acte fut suivi d'une démarche plus révoltante, au moyen de laquelle le duc d'Orléans espéra prouver que le sang d'Henri IV ne circula pas dans ses veines. »

Montjoie nous dit quelle fut cette démarche dans son histoire de la *Conjuration d'Orléans* (tome III, pages 250-253) :

« Peu après les massacres des 2-3 septembre, d'Orléans s'étoit traîné de lui-même au dernier terme de la dégradation. Il étoit monté dans la tribune des Jacobins, portant pour diadème le bonnet rouge. Là il avoit déclaré, solennellement, qu'il n'étoit point le fils du dernier duc d'Orléans ; que l'opinion publique qui vouloit qu'il dût le jour à un valet d'écrire, disoit la vérité ; qu'il étoit notoire que son grand-père avoit constamment refusé de le reconnaître pour un membre de sa famille, pour un Bourbon, et qu'il souscrivoit à ce jugement ; qu'il n'étoit pas moins notoire que sa mère n'avait jamais respecté l'union conjugale et qu'il avouoit avec le public qu'il étoit le fruit d'un des adultères de cette moderne Messaline. Ainsi le malheureux consacroit son propre avilissement et la prostitution de sa propre mère.

« Il avoit écrit ces honteuses et criminelles folies à la commune de Paris lui demandant un nom qui prouvât que ce n'étoit pas le sang de Henry IV qui couloit dans ses veines. La commune avoit en conséquence pris l'arrêté suivant :

« Le Conseil général de la commune de Paris arrête sur la demande de Louis-Philippe Joseph, ce qui suit :

1° Louis-Philippe-Joseph et sa postérité porteront désormais pour nom de famille, *Egalité* ;

2° Le jardin connu jusqu'à présent sous le nom de Palais-Royal s'appellera désormais *Jardin de la Révolution*.

3° Louis-Philippe Joseph Egalité est autorisé à faire faire soit sur les registres publics, soit sur les actes notariés, mention du présent arrêté. »

« Dès ce moment, ajoute Montjoie, d'Orléans prit le burlesque nom d'Egalité et le donna à ses enfants. Le duc de Chartres s'en fit honneur parmi les soldats. »

Plus tard, quand il fut arrêté, il invoqua cet arrêté pour échapper au supplice.

« A la vue des fusiliers, dit le même historien, (tome III, page 260), d'Orléans pâlit et s'évanouit. Revenu à lui, il fut traîné comme un lâche et vil malfaiteur à la mairie ; là il se lamenta, pleura : il supplia à genoux, les mains jointes, qu'on lui permit d'écrire à la Convention. Et voilà l'homme de boue qui se croyait destiné à régner. La faveur qu'il demandoit lui ayant été accordée, il traça sur le papier les sales sottises qu'il avoit déjà débitées à la tribune des Jacobins sur sa naissance. Il prétendit que, s'appelant Egalité et non Bourbon, il devoit échapper au décret qui frappoit ceux de ce dernier nom. Ainsi le malheureux vouloit que l'impudicité de sa mère lui servit de sauvegarde. »

Laurentie, dans son *Histoire des six ducs d'Orléans*, confirme ainsi les assertions de Michaud et de Montjoie : « Pour s'assurer les suffrages dans les élections, il avait commencé après les journées de septembre par renoncer à son nom et prendre celui d'*Egalité*... La commune prit un arrêté qui l'autorisait à porter désormais ce nom.... jamais il ne s'était vu de folie aussi burlesque si ce n'est que Joseph Egalité s'en alla aux Jacobins protester qu'il n'était pas fils du dernier duc d'Orléans mais le fils d'un valet d'écurie.., son fils le duc de Chartres prit aussi à l'armée le titre de général Egalité, toute la famille d'Orléans le porta de même. »

Ce langage, Egalité le tenait dans son enfance : « On essaya de cacher combien il était vicieux, malfaisant et lâche. Il mentait pour le plaisir de mentir ; et savez-vous ce que faisait cet enfant qui nageait dans l'abondance ? Il dérobait ses valets, il leur volait de petits bijoux, du linge, des pièces de monnaie et jusqu'à des papiers qu'on a trouvés cachés dans sa garde-robe. Lorsqu'il eût atteint l'âge de discernement, il se mit à redire à ses précepteurs : — « Allons donc !! Ma mère en a fait bien d'autres !! Et vous savez bien que je ne suis pas le fils de Monseigneur !!! »

Bertrand de Molleville, dans son *Histoire de la Révolution* 10ᵉ volume, dit que « des émissaires affidés du duc d'Orléans, répandus dans les clubs et les groupes populaires, lui donnaient une généalogie très conforme aux sentiments qu'il professait et affirmaient qu'il était le fils d'un cocher, et que par conséquent on devait le regarder comme un vrai sans-culotte. »

Montjoie a constaté dans son premier volume de la *Conjuration* de d'Orléans, que les déclarations d'Egalité étaient conformes à ce que pensaient les Parisiens au sujet de sa naissance ; « Le bruit public voulait que Louis-Philippe Joseph fût le fruit des amours de cette princesse avec un valet d'écurie. La sorte de fureur avec laquelle il se métamorphosait en cocher, en postillon, faisait dire qu'il ne dégénérait pas de son père ; que ses goûts le rendaient digne d'une telle naissance et suffisaient seuls pour le déceler. Ce n'était là qu'une conjecture ; mais ce qui n'en est point une, *c'est que Louis d'Orléans, son ayeul*, partageant la croyance publique, refusa opiniatrement jusqu'au lit de la mort de le reconnaître pour son petit-fils, et l'opinion d'un prince aussi vertueux devait paraître de quelque poids. Je tiens d'un chanoine de Sainte-Geneviève (où le prince s'était retiré depuis longtemps) qui fut témoin de ses derniers moments, que, vivement sollicité à diverses reprises, dans sa dernière maladie, à se désister d'une opposition absolument inutile, puisque les lois légitimaient la naissance de son petit-fils, il ne céda enfin et ne signa l'acte de reconnaissance que sur la menace qui lui fut faite par son confesseur qu'il ne recevroit pas l'absolution s'il persistoit dans son refus. »

Le marquis d'Argenson, chancelier du duc d'Orléans, tient le même langage : — « 2 février 1752 : le curé de Saint-Étienne-du-Mont, avant que d'administrer M. le duc d'Orléans qui est à la mort, l'a interrogé sur la *Constitution* (1) et a exigé qu'il embrassât ses petits-enfants. Enfin, il a consenti à les voir ».

Quelques jours plus tard, mieux renseigné, il ajoute : — « 2 mars 1752. Il paraît constant que le duc d'Orléans est mort sans les sacrements de l'Église... Etant au lit, la

____

(1) La Bulle *Unigenitus* condamnant le jansénisme dont le prince était imbu.

veille et l'avant-veille de sa mort, M. l'archevêque de Paris y vint avec le curé de la paroisse et plusieurs autres personnes. M. le duc de Chartres (le futur Egalité, fils de sa belle-fille) était présent (avec sa sœur). On l'exhorta à reconnaître son petit-fils et sa petite-fille et à leur donner sa bénédiction. Il s'y refusa jusqu'à la fin et il est mort, dit-on, dans ces sentiments. Les assistants ont promis de n'en jamais parler, mais peu à peu les grands secrets transpirent ».

Ce duc d'Orléans avait deviné l'avenir de la future mère d'Egalité, il ne la voulait pas pour belle-fille, et avait rêvé pour son fils l'alliance de Madame Henriette, seconde fille du Roi. La duchesse d'Orléans, veuve du Régent, avait la même répugnance pour cette union ; elle aurait voulu marier son petit-fils à sa petite-fille, la princesse de Modène, de la maison d'Este, depuis duchesse de Penthièvre. Voici ce que rapporte d'Argenson à ce sujet dans ses Mémoires :

« *Mai 1741.* Madame la princesse de Conti vient de retirer sa fille du couvent ; on la dit belle comme le jour ; l'ambition de la princesse a toujours été de la marier au duc de Chartres ; c'est pourquoi on l'a laissée si longtemps au couvent pour plaire au père... la princesse est bien adroite. Le duc d'Orléans redoute ce mariage. » Je veux bien que mon fils aime sa femme, dit-il, mais je ne veux pas qu'elle le conduise ni qu'elle se conduise mal ».

« *Septembre 1741.* Comme il était question de ce mariage devant monsieur son fils, le duc d'Orléans l'a blâmé et décrié fortement. Il a dit qu'il y avait dans cette famille bosse et folie et que la jeune princesse pouvait s'en ressentir ; que feu son père était le dernier des hommes et sa mère, une femme sans pudeur ».

« Peut-être devrais-je passer sous silence les aventures de la duchesse d'Orléans (la mère d'Egalité) dit Laurentie dans son *Histoire des six ducs d'Orléans*. Des mémoires (et toute l'histoire contemporaine) nous ont laissé des détails sur cette pâle copie de la fille du régent (la duchesse de Berry). Elle aimait à se faire conduire par son amant habillé en postillon. Gentilshommes et abbés parurent et furent reçus ; *comme plusieurs* RÉCLAMAIENT LA PATERNITÉ DE SON FILS, le duc de Chartres (futur Egalité), la mère répondit un jour : « QUAND ON TOMBE SUR UN FAGOT D'ÉPINES, SAIT-ON CELLE QUI VOUS A BLESSÉE ? »

L'indigne abbé de Martin insistait entre tous les autres et plus d'une fois ses raisons parurent décisives, même à ses concurrents. Il en faisait valoir deux principales : d'abord la concordance de certaines dates que chacun devine, ensuite la frappante et indéniable ressemblance de l'enfant, non pas avec le duc d'Orléans, mais bien avec lui l'abbé de Martin.

« A ces deux raisons, disait l'abbé Gaboriau, l'histoire aujourd'hui peut en ajouter une troisième d'un ordre supérieur : cette paternité sacrilège et toujours maudite de Dieu n'est-elle pas l'explication la plus naturelle, la seule plausible, de ces opprobres de tous genres accumulés sur le nom de Philippe-Égalité, comme sur celui de sa triste progéniture ? ».

L'historien légitimiste consigne dans *l'Histoire des six ducs d'Orléans* (tome III, p. 338) une anecdote caractéristique des goûts de la mère d'Égalité pour les gens de cheval : « Son langage était cynique et sa débauche furieuse..., les mémoires même n'ont pas tout dit ; il en est d'inédits qui révèleront plus tard toutes les hardiesses de ces scandales. Ils diront l'affreux mélange d'amants qui se succédaient ou se pressaient à la fois autour de cette femme audacieuse ; le comte de Melfort fut le plus avoué (pendant quelque temps). Comme l'entrée du Palais Royal lui avait été interdite, elle allait publiquement le trouver dans son grand équipage de princesse et elle laissait les voitures dans la rue, à la vue de tout le peuple dont elle bravait le courroux.

« La régence elle-même n'avait pas vu une femme se moquer aussi insolemment de la pudeur publique. Aux promenades de Long Champs, elle s'avisa de faire habiller Melfort en postillon pour conduire sa voiture. La foule était immense et l'embarras de son amant réjouissait l'infâme prostituée. »

Madame du Hausset est à entendre ici : « Le duc d'Orléans était dans le temps d'une jalousie extrême envers le comte de Melfort et le lieutenant de police ayant dit au roi qu'il avait de fortes raisons de croire que le duc était déterminé à tout pour se défaire de cet amoureux, le roi dit : « Il n'oserait, mais il y a quelque chose de mieux : qu'il la fasse surprendre et il me trouvera disposé à faire enfermer sa maudite femme ».

Revenons à Laurentie que nous avons interrompu : « L'histoire rougit, ajoute-t-il, d'avoir à prononcer quelques noms de gentilshommes, d'abbés même, mêlés à ces turpitudes, le comte de L'Aigle, le comte de Durfort, le comte de Thiard. le marquis de Polignac. le comte d'Osmon et son frère le prélat de Comminges, l'abbé de Martin. *C'est cet abbé de Martin qui se vanta d'être le père du duc de Chartres* (le futur Égalité).

« Et à ce sujet l'effrontée duchesse disait : « *Quand on tombe sur un fagot d'épines, sait on celle qui vous a blessée ?* »

« Cette femme finit sa vie par des impiétés en 1757. « Je l'ai passée courte et bonne », disait-elle ; c'était un mot de tradition de la duchesse de Berry (l'ignoble fille du Régent) qui avait dit la même chose. Et puis, comme la pensée d'une autre vie lui revenait malgré ses airs d'audace : « Je vais savoir ce qui en est ! » ajoutait-elle. Elle se moquait à son lit de mort de ceux qui pleuraient autour d'elle : — « Prenez le rôle des douleurs muettes, leur disait-elle, ce sont les plus faciles ».

« *Rien ne manqua à ce cynisme de débauche impie et railleuse.* ELLE RECOMMANDA SON TESTAMENT. *On l'ouvrit : C'était une chanson horrible où elle passait en revue tous ses amants avec des paroles d'une moquerie libertine.*

« Telle fut cette femme qui servit de transition aux orgies du régent et à celle d'un autre duc d'Orléans, *qui put, sur le bruit de tant d'infamies, se croire le droit de renoncer à son nom et de douter même de sa naissance (Hist. des ducs d'Orléans,* tome III, p. 358). »

Crétineau-Joly (*Histoire de Louis-Philippe Ier,* p. 81) nous apporte le même témoignage :

« La femme du petit-fils du régent (la mère de Philippe-Egalité), princesse de la maison de Conti, eut toutes les audaces du vice. Elle se composa un mélange de servants d'amour qui aurait mis en défaut la plus imperturbable des mémoires. Bussy-Rabutin, Voltaire, de Sade, Pietro l'Arétino lui-même, auraient échoué dans le récit de tant d'effronteries. Virago philosophique, des pieds à la tête, la duchesse d'Orléans *afficha tous les scandales,* ELLE ACCAPARA TOUS LES OPPROBRES.

« A sa mort, on trouva un testament scellé de ses armes. Cet acte de volonté dernière où l'homme qui n'a rien respecté se respecte enfin lui-même, *ne contenait que la nomenclature de ses amants et un couplet d'une licence idéale sur chacun d'eux. Les couplets étaient l'œuvre de cette femme à qui* un jour on demandait (cette demande lui était faite par douze de ses amants réunis ensemble chez elle, qui chacun prétendaient à la dite paternité) *quel était le père du jeune duc de Chartres, son fils, et qui répondait avec un cynisme de courtisane du dix-huitième siècle : « Lorsqu'on tombe sur un fagot d'épines, peut-on savoir celle qui vous a blessée ? »*

« Cette femme fut digne d'être la mère du citoyen Egalité ».

La marquise de Créqui (*Souvenirs.* tome III, p. 109) donne ces renseignements sur le testament en question :

« La princesse de Conti avait une fille, laquelle avait épousé son cousin, le duc d'Orléans d'aujourd'hui (*le père prétendu* de Philippe-Egalité).

« Cette duchesse d'Orléans morte, on a trouvé *dans sa cassette* un recueil de satires et d'horribles chansons qu'elle avait elle-même composées (et écrites de sa main). Ces chan-

sons et ces satires ne sauraient être transcrites par la plume
d'une femme et surtout d'une femme chrétienne. Je n'en
pourrai citer que ce commencement d'un couplet qui
s'adressait à son mari :

> « Monseigneur d'Orléans,
> VOS PRÉTENDUS ENFANTS
> *Sont l'objet du mépris*
> *De tout Paris... »*

« Le duc d'Orléans n'a fait qu'en rire, et tous les habitués
du Palais-Royal ont pris copie de ce même recueil de poésies
que la princesse avait intitulé : *Mon testament.* »

Le duc et la duchesse d'Orléans s'étaient accordé l'un à
l'autre et réciproquement, la permission de toutes les licen-
ces et de tous les genres de débauches ; et chacun de son côté,
sous les yeux du public, avec des complices dignes d'eux,
ils usaient sans réserve ni pudeur, de cette honteuse et cri-
minelle permission.

Crétineau-Joly (*Histoire de Louis-Philippe*) dit que ce duc
d'Orléans « fut un bourgeois se faisant à lui-même un cours
de *sybaritisme*, un homme qui, après avoir été le martyr
des impudicités de sa femme, se distrait de ses infortunes
conjugales en jouant les *Maris-trompés*, sur son théâtre de
Bagnolet ».

Encore quelques anecdotes sur la duchesse d'Orléans,
rapportées par la marquise de Créqui :

« Enlèvement étrange et violent par la duchesse d'un tout
jeune séminariste... (Deux pages raturées ici dans ses
Mémoires)... M. l'archevêque de Paris en fit l'objet d'une
plainte formelle au ministre de la maison du Roi, M. de
Maurepas, lequel, par ordre du Roi lui-même, donna con-
naissance de cette requête à M. le duc d'Orléans. Je ne sais
trop ce qu'il en a dit à sa femme ; mais le joli séminariste
en resta pour sa déclaration d'enlèvement et de réclusion
forcée (dans les appartements de la duchesse). Je me tais du
reste.

« Par exemple, il n'est pas vrai que la duchesse d'Orléans
ait fait empoisonner Mlle Lecouvreur, qui était morte avant
que la princesse eût épousé son cousin d'Orléans.

« On a confondu Mlle Lecouvreur avec une demoiselle
Ledru, dont voici l'histoire :

« Cette comédienne avait débuté dans la tragédie de
Phèdre. On savait qu'elle était passionnément éprise du
comte de Melfort (avec lequel la duchesse entretenait ostensiblement des relations scandaleuses). Tout le monde a su
qu'au théâtre, elle avait eu l'air d'appliquer insolemment,
du regard et du geste, à la même duchesse d'Orléans, ces quatre vers de son rôle :

..... « Je sais mes perfidies.
« Enone, et ne suis point de ces femmes hardies
« Qui, goûtant dans le crime une tranquille paix.
« Ont su se faire un front qui ne rougit jamais ».

« *Cette comédienne mourut dans les vingt-quatre heures qui suivirent. On l'enterra sans cérémonie sur les bords de la Seine, au-dessous des Invalides, et dès le point du jour; et,* PAR HASARD, *il se trouva que Madame la duchesse d'Orléans, qui passait de l'autre côté de la Seine, avait eu la curiosité de faire arrêter son carrosse, afin de regarder cette misérable inhumation...* (1).

« A l'époque où la comtesse de Coislin s'était séparée de son mari et où on la soupçonnait d'avoir imité Mme de Châteauroux, sa cousine, la duchesse d'Orléans s'avisa de lui demander, en plein salon de Raincy, qui lui avait donné ses beaux cheveux. — « Madame, lui répliqua la comtesse de Coislin en la regardant fixement, ce n'est pas M. de Melfort, ce n'est pas M. de Polignac, ce n'est pas *le comédien grand-père* (dont les criminels rapports avec la princesse étaient connus de tous et publiquement avoués). J'ai 29 ans passés, je pourrais être la mère de ce petit *Varennes* (l'un des fils illégitimes et reconnus de la princesse)... » La princesse d'Orléans étouffait de colère. Perdant la tramontane, elle se mit à débiter je ne sais quoi sur la vénalité de certaines amours. Pour le coup, la fustigation devint sanglante de la part de la comtesse de Coislin. Elle se prit à fixer l'impérieuse princesse d'Orléans et à la transpercer avec ses regards et son nez d'aigle en lui disant hardiment : « Je n'ai pas encore éprouvé *qu'on eût besoin d'argent* pour trouver des amoureux, mais ce que je sais très bien, c'est qu'il y a quinze ans, lorsque j'entrai dans le monde, il y avait déjà longtemps que le chevalier de Villeneuve (l'un des débauchés de la duchesse d'Orléans) AVAIT REÇU des boutons de diamant, des chaines de montre en perles, et, ce qui pis est, une pension sur les domaines et forêts du duché d'Estampes (domaines de la duchesse), et *ce n'est pas moi qui suis duchesse d'Estampes,* comme chacun sait. »

« *M. le duc d'Orléans s'entremit obligeamment pour excuser* SA RESPECTABLE *épouse auprès de Mme de Coislin* (2).

« Ceci n'est que le prologue d'une autre scène où nous l'entendons déclamer plus éloquemment encore :

« A Polignac, mon sot amant,
« Je lègue par ce testament
« Ces deux portraits en miniature,
« Pour qu'il contemple sa figure ».

(1) Le public accusa la duchesse d'Orléans de l'avoir fait empoisonner, et la chose est aujourd'hui certaine.
(2) Preuve nouvelle de l'accord intervenu entre les deux époux au sujet de leur vie pareillement licencieuse et débauchée.

« Le Polignac dont cette princesse d'Orléans parle si bien dans ses *Œuvres posthumes* était le mari de sa dame d'honneur. Elle avait eu bien de la peine à triompher de sa froideur persévérante ; mais la preuve qu'il était véritablement aimé, c'est qu'elle avait eu *la délicatesse* de lui sacrifier MM. de Ségur, de la Chétardie, M. qui était le neveu d'un Suisse du Louvre, et Bougon, qui avait été clerc de procureur, et dont elle fit son intendant de La Ferté-en-Tardenois. »

Il nous semble que ces citations sont suffisantes pour établir QU'IL N'Y A PLUS DE MAISON D'ORLÉANS.

III

COMMENT S'EST FAITE LA RÉVOLUTION FRANÇAISE

On trouve aux Archives nationales, sous le numéro 614, un recueil de pièces que les historiens, avocats ou admirateurs de la Révolution se sont bien gardés de consulter. En parcourant ce dépôt d'immondices, on est saisi d'indignation et de pitié, car on assiste à la confession des coupables et à l'échange de leurs mystérieuses pratiques.

Les assassins enrégimentés pour le compte de Philippe-Egalité viennent réclamer à Laclos, son secrétaire des commandements, la solde de deux journées d'octobre. Ils exécutèrent les ordres du Palais-Royal ; ils s'imaginent qu'ils peuvent en éterniser le salaire. Leurs lettres mendient des suppléments de gages et elles apportent, à l'appui de leur demande, le récit des *attentats commis en l'honneur du duc d'Orléans.*

Ici, ce sont les aveux *des complices* arrangeant leurs petites affaires en famille ; là ce sont DES COUPE-JARRETS *qui traitent de pair à compagnon* avec EGALITÉ LUI-MÊME et qui, d'une plume insolente, lui rappellent *d'horribles services rendus.*

Nous n'avons pas besoin de faire descendre le lecteur dans ce *cloaque de l'orléanisme;* mais pour lui en donner une idée et pour lui apprendre *comment s'est faite la Révolution française,* nous reproduisons deux documents :

I

Le 21 avril 1790, un nommé Malga écrit à Laclos, le confident intime et le premier agent de Philippe-Egalité, qui devait être son futur ministre :

« Monsieur,

Mon zèle et mon courage à servir Monseigneur le duc d'Orléans, notre généreux prince, vous ont sans doute fait connaître mon nom. Depuis vingt-deux mois, je travaille avec une assiduité et une persévérance dont je sais que vous avez plusieurs fois fait l'éloge ; mais je crois que, sans trop me flatter, la dernière circonstance dans laquelle je me suis trouvé, a dû vous prouver que rien ne m'épouvante et que, pour servir une cause aussi belle que celle de *notre patron*, rien ne me coûtera.

« C'est moi, Monsieur, qui, *vêtu d'un habit de garde national*, ai levé le sabre sur le général La Fayette *pour trancher le fil de ses jours*.

« C'est moi qui ai PROPOSÉ *de laisser sortir le Roi des cours du château* POUR L'ACCROCHER A LA LANTERNE ; c'est moi qui ai dit le premier : *Si celui-là se lasse à son métier, nous en trouverons* UN AUTRE *qui le fera à meilleur compte.*

« C'est moi qui le premier, et sur-le-champ, ai ajouté : *Eh bien, nommons un conseil de régence et* PLAÇONS M. D'ORLÉANS A LA TÊTE. C'est moi qui, le premier, ai eu le courage de dire que *le prince est* un excellent patriote.

« Enfin, c'est moi qui, le premier, ai pénétré dans les cours (les 5 et 6 octobre), ET FAIT PLEURER LA REINE A FORCE D'INVECTIVES *et qui ai menacé la municipalité si elle s'opposait à nos vues* DE LA FAIRE PENDRE PAR LA POPULACE.

« Ces faits, Monsieur, dont vous ne douterez pas quand je vous citerai POUR TÉMOIN OCULAIRE M. DE SILLERY (1), QUI, DÉGUISÉ EN LAQUAIS, NE M'A PAS QUITTÉ UN SEUL INSTANT et à qui je dois la justice de dire qu'il a montré un sang-froid étonnant.

« CES FAITS, MONSIEUR, SONT DES TITRES QUE SÛREMENT VOUS NE DÉDAIGNEREZ PAS D'ACCUEILLIR.

« Je sais que mes APPOINTEMENTS *courent comme ceux de* MILLE autres ; mais, Monsieur, oserai-je vous représenter que *de tous ces braves qui, comme moi,* SONT AU SERVICE DE SON ALTESSE, il n'en est pas un qui se soit aussi distingué.

« Je ne suis point, Monsieur, hors de besoin ; *le métier que je fais de* COUPE-JARRETS A VOS ORDRES doit assez vous le prouver. J'espère que vous voudrez bien prendre ma requête en considération et me faire passer quelques GRATIFICATIONS EXTRAORDINAIRES, chose bien nécessaire pour soutenir le courage dans des occasions aussi critiques.

« Quoi qu'il en soit, Monsieur et QUELQUES ORDRES QUE VOUS DONNIEZ, je vous supplie de croire que je m'empresserai toujours de les exécuter. Je sais que MILLE AUTRES, peuvent vous faire ces mêmes représentations, mais ils n'ont pas sûrement LES MÊMES DROITS A VOTRE RECONNAISSANCE !

SI VOUS VOULIEZ, MONSIEUR, REMETTRE MA REQUÊTE SOUS LES YEUX DE SON ALTESSE, J'OSE ME FLATTER QUE MONSEIGNEUR ACQUIESCERAIT VOLONTIERS A MA DEMANDE. IL ME CONNAIT DEPUIS LONGTEMPS ; IL SAIT QUE LUNDI DERNIER N'EST PAS LE

---

(1) Autre futur ministre d'Égalité.

SEUL JOUR OU JE LUI AI DONNÉ DES PREUVES DE MON SINCÈRE ATTACHEMENT.

Lettre de Laclos, agent d'Égalité :

Paris, 17 juin 1790.

« Monseigneur,

« Sous quelle malheureuse étoile suis-je donc né pour qu'on ait pu me calomnier et *vous persuader que, si tous vos projets n'ont pas réussi, je suis seul coupable de leur mauvais succès?*

« En vérité, Monseigneur, et j'en jure par tout ce qu'il y a de plus sacré, *je n'aurai pu être plus fidèle à mon légitime souverain que je ne l'ai été à votre égard. Le simple récit des faits vous convaincra de cette vérité et me justifiera sûrement à vos yeux. J'espère ne plus entendre de votre bouche ces reproches accablants qui ne manqueraient pas, j'en conviens, de me détacher d'un parti qui ne récompenserait mes peines que par des injures.*

« Daignez, Monseigneur, vous reporter à l'époque où, pour la première fois, *vous m'honorâtes de votre confiance intime ; rappelez-vous, je vous en conjure, vos propres paroles :* « JE SUIS, *me disiez-vous,* TARÉ ABSOLUMENT DANS LE PUBLIC ET A LA COUR, MES DÉBAUCHES M'ONT EN PARTIE RUINÉ ; MA LÉSINERIE ME SOUTIENT ET J'ESPÈRE QUE MES ESCROQUERIES ME RELÈVERONT TOUT-A-FAIT, MAIS MON HONNEUR EST PERDU SANS RESSOURCES. »

« Tels étaient vos discours ; je les ai encore tous présents à la mémoire. Moi qui, comme bien d'autres, avais calculé la fermentation qui régnait alors dans le peuple et qui prévoyais que l'incendie ne tarderait pas à éclater, je vous conseillai d'en profiter et vous me permîtes de vous tracer la conduite qu'il fallait tenir. Vous conviendrez que mon plan n'était pas mauvais : un acte de vigueur fait en plein parlement : *les imbéciles de robins devenus* VOS DUPES, *croyaient de bonne foi que vous ne travailliez que pour eux,* TANDIS QU'AU FOND VOUS N'AGISSIEZ QUE POUR SUPPLANTER VOTRE COUSIN (le roi Louis XVI).

« *Le petit exil au Raincy nous avait servis au-delà de nos vœux.*

« Le peuple nous regardait comme son plus grand soutien et les véritables aristocrates, comme leur coryphée. Il faut l'avouer, les circonstances semblaient naître pour nous. Excusez, Monseigneur, si j'ose ainsi parler au pluriel, *vous savez que vous-même m'attribuiez tout le mérite du plan, dont vos plaisirs, disiez-vous et votre vie licencieuse vous eussent empêché de concevoir l'idée.*

« *C'est alors que l'on parla pour la première fois d'États-Généraux.* NOUS SAISIMES VITE CETTE OCCASION. Le peuple commençait à se montrer. Nous profitâmes de ces dispositions pour *l'échauffer de plus en plus.*

« *L'argent nous manquait ; nous empruntâmes aux plus gros intérêts ; nous achetâmes des blés à bon compte.* NOUS LES FIMES SORTIR DE FRANCE ET DÉPOSER A GERSEY ET A GUERNESEY POUR NE LES EN FAIRE SORTIR QU'AU MOMENT OU, DEVENUS CHERS, ILS NOUS RAPPORTERAIENT DES MONCEAUX D'OR. On ne peut voir une partie mieux liée, et sûrement

l'auteur d'un pareil projet méritait plutôt *une couronne que* des reproches de votre part.

« *Pendant que notre petit commerce nous valait un Pérou,* NOUS REJETIONS SUR LES ARISTOCRATES TOUTE LA HAINE DU PEUPLE, *et c'est là, je l'avoue, où* NOS ÉCRIVAINS ONT FAIT MERVEILLE. Simon lui-même, dans cette occasion, nous a rendu de grands services. VOUS VOLIEZ AU PEUPLE PLUSIEURS MILLIONS PAR MOIS PAR VOS ACCAPAREMENTS ; MAIS CECI ÉTAIT SECRET. OSTENSIBLEMENT, *vous donniez jusqu'à cent mille écus dans la capitale en plusieurs mois ; et tous les folliculaires, tous les écrivailleurs, les prônes même des paroisses, faisaient retentir les éloges donnés à votre bienfaisance.*

« Jusqu'ici, je le crois, Monseigneur, votre pauvre Laclos *s'était conduit comme un héros ; tout était gain de tous côtés. Machiavel lui-même n'eût pas mieux réussi à travailler* un peuple qui, n'étant pas encore sorti de l'esclavage, n'entrevoyait que l'aurore de la liberté.

« J'oubliais un fait important, n'est-ce pas moi qui, DANS VOS INSTRUCTIONS *pour les États-Généraux répandues à profusion dans tout le royaume,* ai inséré LE FAMEUX ARTICLE DU DIVORCE? J'avais mes raisons : ma première était la plus forte ; *je m'acquerrais une reconnaissance éternelle de Madame de Buffon qui vous conduisait alors comme un enfant à la lisière. Je la flattais par* le moyen de pouvoir un jour coucher publiquement et légitimement avec son amant, et par là je m'ancrais tant et si bien dans son esprit que rien au monde ne pouvait m'en arracher.

« Une autre raison que VOUS GOUTATES AUSSI, Monseigneur, PARFAITEMENT, *c'est qu'un pareil principe rangeait sous vos drapeaux tous les débauchés, tous les gens perdus de dettes* qui auraient espéré rétablir leurs affaires par un autre mariage et vous savez que dans de pareilles circonstances il faut faire flèche de tout bois.

« Les États-Généraux s'assemblent. *Au lieu de paraître avec les princes à la procession publique qui précède leur ouverture, vous vous mêlâtes comme simple député avec les autres.* Convenez que c'est une idée qui *vous fit grand honneur.*

« De là jusqu'au 12 juillet, *nos machines en bon état et jouant parfaitement, nous n'eûmes qu'à entretenir la chaleur du peuple* QUE NOUS AVIONS FOMENTÉE. Et d'ailleurs vous vous rappelez que, dans les moments où Madame de Buffon laissait à votre corps et à votre esprit quelque repos, j'eus l'honneur de vous faire part de mes démarches et de leurs effets. Quoique vous m'opposiez souvent et sans détour *votre lâcheté et votre poltronnerie, je croyais que* L'ASPECT D'UNE COURONNE SUSPENDUE SUR VOTRE TÊTE, VOUS FERAIT ENFIN SORTIR DE CE CARACTÈRE PUSILLANIME.

« M. Necker et M. de Montmorin étaient aimés du peuple. On a la maladresse de les renvoyer dans un moment de fermentation et de mettre à la tête du gouvernement des imbéciles ou des monstres qui s'attendent à être lapidés. Notre parti est aussi formé. *Nos créatures, dans notre palais même, annoncent au peuple que vous pouvez gouverner d'une manière digne de nous. Nos gens soldés font leur devoir à ravir.* NOTRE ARGENT EN FAIT AUTANT

DE HÉROS. *J'en parle savamment,* CAR DERRIÈRE LA TOILE JE CONDUISAIS TOUTE LA MACHINE. Enfin avec une vingtaine de louis jetés bien à propos, je fais prendre votre buste chez Curtius où je l'avais fait placer tout exprès *et je le fais promener dans tout Paris.*

« Tout allait au mieux. NOS BRIGANDS DE MONTMARTRE FAISAIENT MERVEILLE. ILS BRULAIENT LES BARRIÈRES ; ILS PILLAIENT ET, DANS NOS CONVENTIONS, C'ÉTAIT LÀ-DESSUS QUE LEUR PAIEMENT ÉTAIT PRINCIPALEMENT FONDÉ. Je vous envoie, Monseigneur, daignez vous le rappeler, je vous envoie Latouche à Versailles où vous étiez caché pour vous engager à venir à Paris. Ne vous voyant pas arriver, je vous dépêchai Simon qui, malgré toute sa jactance, ne réussit pas mieux que l'autre.

« Cette occasion qui ne se retrouvera plus, *cette occasion dans laquelle, sans tirer l'épée,* VOUS EUSSIEZ CONQUIS PARIS ET PAR LUI TOUTE LA FRANCE, cette occasion enfin échappe et je me suis mis l'esprit à la torture pour en faire renaître une autre. *Pour cela,* JE LACHAIS ENCORE LES BRIGANDS QUE NOUS AVIONS RASSEMBLÉS A MONTMARTRE.

« Berthier et Foulon (prise de la Bastille) furent les premières victimes que je sacrifiai, tant pour assouvir la soif de nos gens, que pour accoutumer le peuple de Paris A UN SPECTACLE QUE JE PRÉTENDAIS LUI DONNER SOUVENT JUSQU'A CE QUE TOUS CEUX QUI NOUS GÊNAIENT ET QUI EUSSENT TROP JASÉ, EUSSENT SUBI LE MÊME SORT.

« C'est malheureusement à cette maudite époque que les bons citoyens, du moins ceux qui se vantent encore d'être fidèles au Roi et à la Foi, nommèrent ce Lafayette pour commandant de la garde nationale. Il était précisément celui que j'en eusse écarté avec le plus grand empressement. Ce peuple commençait à obéir à son général. Une ruse, que le diable seul pouvait rendre vaine, fut employée. *Le pain manqua :* TOUT-A-COUP J'EMPÊCHAI LES MOULINS DE TOURNER, LES BOULANGERS DE CUIRE ET JE FIS JETER DANS LA RIVIÈRE LE PEU DE PAIN QUI SE FABRIQUAIT.

« *Si jamais on peut s'y prendre mieux, Monseigneur, je ne suis plus digne de votre confiance. Vous le savez* et vous-même, en me consolant du chagrin que me faisait ressentir le peu de réussite de mon projet, *daignâtes me donner des noms* ET DES CONSOLATIONS BIEN FAITES POUR DÉDOMMAGER ET ENCOURAGER UN HOMME TEL QUE MOI.

« Au mois d'août, l'argent nous fait défaut *et dans ces affaires-là* POINT D'ARGENT, POINT D'ASSASSINS. QUEL HÉROISME, Monseigneur, ne montrai-je pas alors POUR REMETTRE EN VOS MAINS *ce fameux portefeuille où un particulier tenait enfermée la fortune de tant de familles considérables.* A quels périls ne m'exposai-je pas dans cette démarche qui, HEUREUSEMENT POUR MOI, N'EST PAS ENCORE BIEN CONNUE.

« Ce que j'en dis n'est pas pour vous rien reprocher, mais pour détruire VOS SOUPÇONS A MON ÉGARD.

« ENFIN CE QUI DEVAIT VOUS METTRE SUR LE TRONE ET M'Y PLACER COMME VOUS DITES A COTÉ DE VOUS (termes reproduits *de la lettre même du duc d'Orléans à Laclos*), cette fameuse journée du 5 octobre arrive. *Quelles nouvelles ! Quelles inquiétudes* n'ai-je pas à dévorer pour exécuter un plan dont l'invention n'est due qu'à moi?

« JE FAIS MOURIR DE FAIM LE PEUPLE *des faubourgs ; je lâche mes émissaires ; je redouble les appointements de mes écrivains ;* JE FAIS FORGER DES PIQUES ; JE LES DISTRIBUE ; JE STYLE NOS BRIGANDS AUX ROLES QU'ILS DOIVENT JOUER ; MES VICTIMES ETAIENT MARQUEES ET DESIGNEES.

« LA REINE DEVAIT ETRE ASSASSINEE DANS SA CHAM-BRE ; les gardes du corps ne pouvaient guère me gêner, CAR JE LES FAISAIS FUSILLER, *et un coup bien préparé devait, au milieu de la mousqueterie, percer le roi comme s'il n'eût succombé qu'aux coups* DU HASARD. *Lui mort,* NOUS EUSSIONS COMMENCÉ PAR PLEURER, PAR CHERCHER L'ASSASSIN ET LE FAIRE ÉCARTER ...... *Nous nous faisions donner, Monseigneur,* LA TUTELLE DU DAU-PHIN. *Monsieur (le frère du Roi, plus tard Louis XVIII), nous le faisions passer pour incapable et d'ailleurs,* UNE ATTAQUE D'APO-PLEXIE NOUS EN EUT DÉBARRASSÉS. M. le duc d'Artois (devenu Charles X), NOUS L'AVIONS CHASSÉ DE FRANCE, nous le tenions en Italie et s'il eût voulu remuer, TRENTE COUPE-JARRETS l'eussent bientôt envoyé rejoindre ses aïeux. Il ne nous restait donc plus que le Dauphin ; *mais un enfant* EST SUJET A TANT D'ACCIDENTS QUE CET OBSTACLE N'AURAIT BIENTOT PLUS ÉTÉ UN OBSTACLE VIVANT. »

Ici Laclos énumère les embûches tendues aux députés et aux écrivains, les transactions secrètes avec les uns et avec les autres, les catastrophes qui en furent la suite ; puis il termine ainsi :

« Ne vous désespérez cependant pas, Monseigneur ; je fais proclamer de temps en temps votre retour ici afin qu'on s'accoutume à entendre prononcer votre nom et voir quelle impression il fait dans le public. Mais au fait, je ne vous conseillerai pas d'oser paraître, car je ne répondrai pas que, sans égard pour votre qualité, *on ne se crût en droit d'établir votre domicile dans quelque prison.*

« Ce dernier avis, Monseigneur, *doit vous prouver* COMBIEN JE VOUS SUIS ATTACHÉ ; *et une justification, dont la base ne roule que sur des faits qui* VOUS SONT SI BIEN CONNUS QUE VOUS EN AVEZ VOUS-MÊME COMMANDÉ L'EXÉCUTION, NE LAISSERA, JE L'ESPÈRE, AUCUN DOUTE DANS VOTRE ESPRIT !

« J'ATTENDS VOS ORDRES avec respect *et je ne manquerai pas de vous faire part des événements qui vous intéresseront.*

« J'ai l'honneur d'être, Monseigneur, ah ! que ne puis-je dire : SIRE, DE VOTRE MAJESTE !!! le très humble et dévoué serviteur,

LACLOS.

II

Nous complétons cette histoire des forfaits de l'orléanisme par les récits concordants des historiens.

« Louis-Philippe (Egalité) s'aperçut enfin que sa présence était nécessaire à Paris. Le séjour de Londres commençait d'ailleurs à lui peser. Tenu en quarantaine par l'aristocratie anglaise, méprisé aussi bien par les Wighs que par les Tories pour lesquels sa nullité et ses mauvais instincts ne sont pas une garantie suffisante, soupçonné par ses complices et par Lafayette, surveillé par le comte La Luzerne, son adversaire politique, d'Orléans se décide à brusquer les événements. La fédération du Champ de Mars sert de prétexte à son retour au Palais-Royal. Il arrive et l'homme des journées d'octobre paraît à la tribune de l'Assemblée nationale. *Il va reprendre le fil de ses complots.* Il est donc en mesure maintenant de violer encore une fois le serment qu'il prêta au roi le 11 juillet 1790.

« Ce Louis-Philippe-Joseph était un mensonge vivant. »
(Crétineau-Joly, *Histoire de Louis-Philippe*).

* *

Les attentats se multiplient et se disséminent sous l'action du parti orléaniste... *Les incendiaires, les excitateurs et les assassins savent que l'impunité leur est acquise* (1)... Le duc d'Orléans s'est constitué l'organe de leurs vœux... Chez lui, le citoyen est doublé d'un d'Orléans, et si les d'Orléans paraissent de *mauvais débiteurs*, personne n'osera prétendre qu'ils ne sont pas *d'impitoyables créanciers.* Pour Louis-Philippe-Joseph (Egalité), au milieu des malheurs publics, le sacrifice à consommer sur l'autel de la patrie se réduit *à la réclamation contre la France* d'une dot de plus de quatre millions (2), dot arrachée à Louis XV enfant et qui remonte au 5 octobre 1721, c'est-à-dire à près de soixante-dix années. Il en demande et obtient le remboursement par un décret de l'Assemblée nationale.

Mais lorsqu'il est en instance pour arriver à ce résultat par les frères et amis, Pinet, son banquier et *l'un de ses principaux courtiers d'accaparements, périt d'une façon tragique.* Ce crime ainsi que beaucoup d'autres de la même époque, fut emporté et oublié dans le naufrage universel. Il y avait eu un ASSASSINAT ; l'assassinat avait entraîné après décès une faillite de cinquante-quatre millions (volés par Egalité, auteur de l'assassinat).

Le club des *Enragés* (septembre 1789) tenait ses séances au Palais-Royal (chez le duc d'Orléans). Il avait des statuts publics et des statuts secrets comme toutes les francs-maçonneries. Le deuxième article des statuts secrets portait :

(1) N'en est-il pas de même aujourd'hui pour les anarchistes, qui peuvent saccager et incendier impunément ?
(2) Nous avons vu ses descendants réclamer quarante millions au lendemain de la guerre, quand la France avait de lourdes charges de guerre à payer.

« *Il est ordonné de mettre tout en œuvre pour que la disette de pain soit totale et pour que la bourgeoisie comme la classe populaire soit forcée de prendre les armes* dans l'émeute organisée contre le Roi en faveur du duc d'Orléans ». Cet article s'exécutait chaque jour à la lettre... Le Roi, avec le clergé, prenait toutes les mesures possibles pour soulager les misères publiques. Dans le but de parer le coup et de détourner à son profit les faveurs populaires, le duc d'Orléans proposa un comité des subsistances et, par le club des *Enragés*, fit circuler un mot d'ordre destiné à fixer les regards du côté du Palais-Royal... Au Palais-Royal, on appréhendait les faiblesses du banquier Pinet, spéculateur audacieux mais citoyen timide. Le riche agent de change ne livrait ses capitaux qu'à bon escient. On jugea qu'il était temps de l'effrayer.

Des escouades d'émeutiers passèrent l'une après l'autre dans la rue Saint-Marc où il demeurait et des pierres furent lancées contre ses fenêtres. A cette première sommation, la frayeur s'empare de Pinet. Il court au Palais-Royal. *Il supplie le duc d'Orléans de mettre à l'abri son portefeuille, ses valeurs et toute sa fortune mobilière.* La prise de la Bastille, les massacres de Flesselles, de Berthier et de Foulon redoublent les inquiétudes de l'agent de change. *Il parle de s'expatrier* et, sous prétexte de couvrir ses engagements, *il redemande son portefeuille.* Philippe diffère, ajourne, assigne des rendez-vous et ne s'y trouve pas ; car Pinet, une fois à l'étranger, et pris d'un scrupule de probité politique *peut révéler tous les mystères de l'accaparement.* Enfin sa persistance l'emporte sur les atermoiements du prince.

Ils se rencontrent à Passy. Dans l'entrevue, le duc d'Orléans demande à Pinet s'il a sur lui le récépissé en échange duquel ses valeurs doivent lui être remises. Pinet déclare qu'il en est porteur. Le prince alors lui annonce que Bazin, son homme d'affaires, est chargé du dépôt de ces valeurs, que ce Bazin habite une maison de campagne près du village du Vésinet ; mais qu'il s'offre de l'y faire conduire par une voiture à ses armes. Cette garantie rassure Pinet, qui accepte. *A peine la voiture a-t-elle pénétré dans la forêt que deux hommes, revêtus d'une fausse livrée de la Reine, apparaissent.* Ils forcent le banquier à descendre, puis un coup de pistolet tiré par derrière et à bout portant le frappe à la tête. On le croit tué raide, la voiture s'éloigne précipitamment, en laissant auprès de lui *une arme déchargée pour faire croire au suicide.*

Le coup était mortel ; mais le banquier respirait encore. Le matin, des passants le transportèrent à l'auberge du Pecq. A peine revenu de son évanouissement, il porta sa main à sa poche *pour s'assurer que ses papiers et surtout le récépissé n'ont pas été volés.* MAIS TOUT A DISPARU. Il ne lui restait que la ruine et le trépas. Pinet survécut trois jours, fit des révélations et, pendant son agonie, ne cessa de répéter : « *Mon portefeuille ! mon portefeuille ! Les scélérats !* » Leblanc, son beau-frère, recueillit ses aveux ; on en dressa procès-verbal ; on assembla ses créanciers et Leblanc les supplia de seconder les recherches qu'il faisait. *Le lendemain, les créanciers furent signalés dans leurs quartiers respectifs comme des accapareurs de grains. On les menaça de la lanterne avec des rages patriotiques. L'intimidation servait de corollaire à la spoliation...*

(Crétineau-Joly, *Histoire de Louis-Philippe,* t. I, p. 126 et suiv.).

* * *

« Deux ans après la mort de Geneviève Galliot, sa première femme, le prince de Lamballe, mal rétabli de son empoisonnement, « par déférence pour les désirs de son père, à la sollicitation de sa sœur et par condescendance à mes avis, dit la marquise de Créqui, il se résolut à épouser mademoiselle de Carignan ; malheureuse alliance et sinistres fêtes ! Je verrai toujours dans la chapelle de cet hôtel de Toulouse qu'on avait décoré superbement, je verrai toujours cette belle figure du prince de Lamballe, avec des larmes dans les yeux, et ces familles consternées et cette jeune fille qui pleurait en voyant la tristesse de son fiancé. Il n'était ni plus pâle ni plus *défait,* comme dit le peuple, après sa mort, LAQUELLE NE MANQUA PAS D'ARRIVER PEU DE TEMPS APRÈS SON MARIAGE.

« JE NE VOUS RAPPORTERAI RIEN DES BRUITS PUBLICS A CE SUJET (bruit d'un second et très réel empoisonnement). Je n'ai rien su d'indubitable *et je me suis promis de ne jamais parler sur le duc d'Orléans avec témérité.*

« Madame de Lamballe était la beauté, la bienveillance et la vertu même. Vous verrez que sa douleur et sa bonté n'ont pu fléchir les tigres qui l'ont déchirée sur l'autel de l'Égalité.

« Elle s'était réfugiée dans les Etats de Savoie au commencement de la Révolution ; mais quand elle apprit les malheurs dont la famille royale était accablée, elle se hâta de revenir à Paris pour y demander la faveur de partager sa captivité. Elle a été massacrée dans la cour de la prison en 1792.

« Madame de Lamballe n'avait, dans toute sa vie, fait aucune action qui pût exciter la haine du peuple. ELLE ÉTAIT LA BELLE-SŒUR DE PHILIPPE-ÉGALITÉ ET ELLE AVAIT UN DOUAIRE DE TROIS CENT SOIXANTE MILLE LIVRES DE RENTES ET C'EST EN VÉRITÉ LA SEULE RAISON QU'ON PUISSE TROUVER POUR EXPLIQUER L'ASSASSINAT DE CETTE PRINCESSE AU DÉBUT DE LA PÉRIODE SANGLANTE.

« Que vous dirais-je de cet horrible assassinat ? les assassins venus du Palais-Royal pour l'égorger firent d'inutiles efforts pour lui faire répéter les outrages dont ils couvraient le nom de la Reine. — « Non, répondit-elle Non ! non ! jamais ! jamais ! Plutôt mourir ! » Entraînée par ses bourreaux auprès de cet amas de cadavres dont parle Mme de Tourzel, on la força de s'agenouiller ; et, après l'avoir frappée de plusieurs coups de sabre, on lui déchira le sein, on lui arracha le cœur, on lui coupa la tête. On força un malheureux coiffeur à friser et à poudrer ses cheveux ; puis ces cannibales se formèrent en affreux cortège précédé par des fifres et des tambours. Ils portaient la tête au bout d'une pique et furent D'ABORD LA FAIRE VOIR AU DUC D'ORLÉANS QUI SE MONTRA SUR UN BALCON DE SON PALAIS-ROYAL, A COTÉ DE MADAME AGNÈS DE BUFFON, SA MAITRESSE (et battit des mains)... »

Cet assassinat rapporté ainsi par la marquise de Créqui, avait été concerté au Palais-Royal. Les assassins furent dirigés par Laclos, l'agent principal de Philippe-Egalité.

C'est par l'empoisonnement du prince de Lamballe et l'égorgement de la princesse de Lamballe que les château d'Eu, de Vernon et de Dreux... sont passés dans la famille Egalité, dite d'Orléans.

Cette sinistre famille, de père en fils, a bénéficié, a joui sans la moindre pudeur de cette spoliation sanglante comme, s'il s'était agi de propriétés dûment acquises et justement léguées (1).

Les panégyristes de la prétendue maison d'Orléans, défenseurs attitrés de la morale, ont trouvé cela tout naturel.

Voilà où l'on en arrive quand on déserte les principes sociaux ; l'injustice devient l'équité, l'immoralité, la morale ; le mal, le bien ; le crime lui-même, s'il a eu d'heureux résultats pour ceux qui l'ont perpétré, ne leur attire que de la considération. Tout n'est que mensonge aujourd'hui, car le désordre moral est partout.

*

Avec de semblables cupidités et une si flagrante ambition du trône on roule rapidement sur la pente du crime. Philippe, de concert avec Ducrest, son chancelier, et Laclos son confident, organise mille plans politiques et commerciaux. D'abord, lui grand-maître de la franc-maçonnerie,

(1) Bien plus, le prince de Joinville a eu l'audace de faire donner à son fils le titre et le nom de duc de Penthièvre qui étaient le titre et le nom du père du prince de Lamballe, que Philippe-Egalité aurait envoyé à la guillotine si les habitants d'Eu, des Andelys et de Vernon ne s'étaient confédérés pour le défendre.

IL SE FAIT ACCAPAREUR. Toutes LES LOGES DE LA SECTE SE PRÊTENT A SES OPÉRATIONS. Tous les moyens sont mis en œuvre. Les rigueurs de l'hiver de 1788 à 1789 servirent à développer d'affreux projets. D'autres circonstances devinrent également favorables. On ne recula devant rien ; on eut recours à tout, même aux jongleries et aux farces d'estaminet. Voici, entre cent autres, une parodie de sauvetage qu'on inventa pour les besoins de la cause : un jockey du duc, moyennant récompense, tombe dans le réservoir du Palais ; d'Orléans le sauve du danger prémédité. Il n'en fallut pas davantage pour provoquer de toutes parts des frénésies d'enthousiasme.

La récolte est mauvaise ; le peuple a faim ; alors le conspirateur, avec de théâtrales compassions, se prête à une générosité productive et à des tendresses simulées. Sa bienfaisance embauche toutes les trompettes de la renommée. La publicité éclaire sa marche ; elle préside à ses largesses calculées que toutes les feuilles et tous les pamphlets ont ordre de grossir dans des proportions fabuleuses. C'est la réclame qui commence et qui, pour son coup d'essai, séduit la crédulité publique. Pendant le froid, de grands feux sont allumés au Palais-Royal pour habituer la foule à en prendre le chemin ; la foule arrive ; à côté du feu, elle trouve du vin en abondance et elle acclame *son père d'Orléans* ; mais toujours au milieu de la foule, il y a le groupe d'applaudisseurs à gages...

... Parmi ses créatures et ses agents, on remarquait dans l'intérieur même du Palais-Royal : Laclos, auteur d'un écrit immonde et secrétaire du maître ; Sillery précédemment comte de Genlis, le singulier précepteur des enfants du prince ; Valence, fils bâtard et avoué du quatrième duc d'Orléans ; enfin Colliné et Poupart de Beaubourg ; puis autour du Palais-Royal : Mirabeau, qui venait chaque jour y entretenir le duc de ses projets factieux et de sa prochaine usurpation du trône ; Camille Desmoulins, qui par sa fougueuse éloquence se faisait une tribune sur les places publiques et dans les carrefours : les coryphées de la populace, comme les comédiens Grandcourt et Grammont, Duport, Saint-Théroigne de Méricourt, jeune fille d'une férocité sans exemple, MARAT, Maillard, Antonelle, SANTERRE, FOUQUIER-TINVILLE, Clootz, etc.

Au milieu de ces figures ignobles, où la figure de d'Orléans resplendit de l'insolence de toutes ses dégradations, il y a des chefs comme Marat, Laclos, Santerre, Maillard, etc., les chefs des croupiers. Leur but est de mettre sous la main du maître et à la disposition de l'émeute un ramas d'hommes de sac et de corde, d'existences souillées, de bannis de toutes les contrées, d'agitateurs à gages, de mercenaires de l'insurrection qui font bon marché de leur vie pour devenir maîtres de celles des autres *et inspirer, selon les besoins, de grandes colères ou de grandes terreurs.*

Ce noyau de sans-culottes fournira bientôt les bandes qui USURPERONT LE TITRE DE MARSEILLAIS. Ils composeront maintenant le *Club des Enragés* que Philippe établit au Palais-Royal même. Ils forment là, sous la direction du duc, un conseil de sédition.

C'est dans ce conseil que fut élu et préparé le plan d'usurpation de la couronne royale. On y organisa des trames et des atrocités qui passent la croyance de l'histoire. Sous les auspices de ce conseil et de son chef, il se forma une compagnie de voleurs et d'assassins conduite par Coffiné et Poupart. Les objets volés étaient apportés au Palais-Royal ; aussi les diamants de Mme Dubarry furent dérobés près de Luciennes et déposés chez les d'Orléans. Il y eut quantité d'assassinats pour de l'argent. Rien ne devait manquer aux atrocités du personnage, pas même les crimes de l'escroc.

Montjoie raconte ces monstruosités avec une assurance effrayante. Pour lui, ce n'était pas assez de mettre un empire à feu et à sang, il fallait ajouter à cette infamie, celles des détrousseurs de grandes routes.

Au fond de ce Palais-Royal dont Philippe a su faire un lupanar en attendant de le changer en forum révolutionnaire, une imprimerie clandestine a été établie. Cet atelier d'impostures quotidiennes ou hebdomadaires fonctionne mystérieusement et sans relâche. La diffamation s'en échappe ruisselante de bile et furieuse de blasphèmes. Elle s'attaque aux choses et aux hommes. Elle s'en prend à la Providence et à l'ordre social. Néanmoins c'est au Roi et encore plus à la Reine que la calomnie furibonde adresse ses coups. Épouse, Reine, mère, Marie-Antoinette n'avait failli à aucun de ses devoirs. Elle était populaire par son élégante beauté, ses gracieuses vertus et les charmes de son esprit. Le peuple se disait fier de sa Reine et il en était idolâtre. La Reine de son côté ne dissimulait ni ses amitiés ni ses aversions, tenait à l'écart le d'Orléans et, avec un religieux et souverain mépris, elle avait coupé court à ses rêves infâmes. Écrasé sous le mépris de la Reine, le monstre s'efforce de tirer vengeance des dédains de la femme. Marie-Antoinette fut donc la victime de prédilection que les dépits du duc vouèrent au stylet de ses mercenaires plumitifs. Des libelles sans nombre et sans nom, sortant de cette officine, étaient répandus à la cour et dans les masses. On l'outrageait dans ses mœurs ; on l'insultait dans sa dignité de fille, d'impératrice et de Reine de France : on l'accusait de détourner les ressources du trésor pour enrichir ses frères d'Autriche ; on mettait à sa charge et à celle du Roi tous les malheurs de la France, particulièrement la famine qui suivit l'accaparement des blés dont le duc était le seul auteur.

Philippe est l'inspirateur ou le fauteur de toutes ces scélératesses. Toujours obéré, toujours besogneux, mais toujours cupide, il verse à pleines mains les flots de sa colère et l'argent de ses coffres-forts. Il joue pour voler au jeu et pour conspirer ; il emprunte pour corrompre ; il ne paye jamais pour se faire des clients intéressés.

Le Palais Royal est devenu une entreprise générale de révolte. Philippe y tient magasin d'émeutes. Il y a des racoleurs à sa solde, des tribuns et des banqueroutiers à ses ordres, DES SPADASSINS ÉTRANGERS RECRUTÉS SUR LES DIVERS MARCHÉS DE L'EUROPE, des femmes débauchées ou sorcières *et des poignées d'écus à la disposition de ses satellites..., des brocheurs de phrases, des ravageurs littéraires, des hommes d'État de cabaret* (1), ayant un pied dans le crime et une main dans la police, qui promènent dans Paris le buste de celui qu'ils saluent des noms sacrés de père et de Roi : et ce Roi ne manque jamais de se rencontrer sur leur passage pour y recevoir les acclamations qu'il a commandées lui-même.

Sur les débris des frais ombrages du Palais-Royal dont les Parisiens se regardaient comme les usufruitiers, le duc établit un vaste bazar d'agiotage et d'impudicité. Il remplaça les grands arbres par des maisons de produits honteux. Dans son palais même, il fonda des lieux de prostitution. Il y fit construire des cabinets isolés et nombreux et, après les avoir meublés avec magnificence, il les livra au rendez-vous des *citoyens* et des courtisanes. A ces cabinets isolés, il adjoignit des maisons de jeu ouvertes le jour et la nuit.

Dans cette caverne de tous les crimes et ce bazar de tous les vices, *d'Orléans attendait avec une secrète impatience le bras parricide qui, frappant Louis XVI, lui ouvrirait le chemin du trône. C'est là le secret de sa politique ; c'est là toute sa vie.* Dès qu'un projet infâme ou criminel lui était soumis, ce projet était accepté de confiance car un homme qui l'a bien connu et qui sur les barricades de 1830 sacrera son fils roi de juillet, le général La Fayette lui-même disait de lui : « *M. d'Orléans avait fait sur la couronne une vile spéculation dans laquelle sa vie fut le seul prix qu'il ne risquât point et son argent le seul qui coûtât à son cœur !!!* »

... *Au 14 juillet, le Palais-Royal et les égouts, voilà le théâ-*

(1) Nous les avons vu reparaître à notre époque, peupler les assemblées et les ministères.

tre de tant de cruautés inutiles, de tant de sang versé à plaisir.

La chute de la Bastille devenait le signal de la révolte universelle *et préparée par l'orléanisme.* D'Orléans marchait à l'usurpation, ses sicaires travaillaient à son avènement prochain. On tuait à Paris avec les sauvages raffinements des cannibales. On égorgeait dans les provinces avec une fraternelle concurrence. La pique des sans-culottes venait d'être inventée ; on s'en servit pour promener dans la capitale la tête des victimes. La révolution montait sur des cadavres pour se faire entendre plus loin et hâter les destinées. Le Palais-Royal désignait les fonctionnaires dont il redoutait le courage et la vigilance et, à l'instant même, ils tombaient sous la justice expéditive du peuple. Le peuple les broyait comme Flesselles, Berthier, Foulon, etc., tous les trois suspects à l'orléanisme.

La faction orléaniste les frappe. Elle veut que leurs restes mutilés et sanglants soient traînés par les rues comme un jouet et surtout comme *un épouvantail.* Le meurtre est en liesse à Paris. L'incendie et l'assassinat s'acclimatent au fond des campagnes.

... Les 5 et 6 octobre, tout Paris s'ébranle, femmes, enfants, chancelant de débauches, sicaires armés de pioches et de piques remplissent le chemin qui mène de Paris à Versailles. *Les plus forcenés et les plus dégoûtants sortent du Palais-Royal.* Entre eux s'élèvent des rivalités de meurtre. Ils se cotisent pour frapper de grands coups. — J'égorgerai la Reine, disait l'un ; — Je mettrai sa tête au bout de cette pique, répliquait l'autre. Et la foule se ruait sur la route à en perdre haleine.

A Versailles, les hordes se précipitent avec d'épouvantables vociférations. Les gardes du château résistent ; le massacre commence. On coupe des têtes avec délices. On se pare de la dépouille des victimes ; on crie : *Vive notre père, le duc d'Orléans !* Où était-il ce père du peuple ? IL ÉTAIT LA ! DANS LES ESCALIERS DU CHATEAU, *au milieu des assassins, les encourageant du geste et de la voix. Sa main tenait une badine, son chapeau portait une énorme cocarde. Il criait : C'est ici, mes amis, c'est ici, désignant les portes de la Reine et du Roi.*

... Durant ces deux journées, d'Orléans a été vu et reconnu, vu conspirant pour égorger et pour régner. Les faits sont là et les témoins déposent. Ces témoins sont au nombre de trois cent soixante-deux, de tout âge et de toute condition. *Tous affirment la présence, les encouragements, les excitations du duc.*

Cet exposé de la façon dont s'est faite la Révolution, est tiré de l'ouvrage de Laurentie, intitulé *Les six ducs d'Orléans*. Tous les historiens apportent le même témoignage.

Quand la famille royale revint à Paris, prisonnière de la populace, Égalité parut triste et déconcerté au moment du départ, puis bientôt il frappa du pied le terre avec une sorte de rage ; le crime pour lui n'était pas complet. Pour se consoler, il voulut jouir du spectacle de son humiliation.

Par des chemins détournés, il courut à Passy où il se tint sur la terrasse du château. Quand passa la cohue sanglante traînant la royauté captive et portant au bout de ses piques des têtes coupées pour étendard, il eut *avec son fils Louis-Philippe et sa fille* et Mme de Genlis, leur étrange précepteur, l'ignoble courage de répondre par des sourires aux acclamations des égorgeurs.

Ce nom d'Orléans jeté dans toute cette histoire de crimes et d'atrocités commençait à produire de l'horreur ! Dans l'Assemblée nationale, cette aversion se déclara par la fuite précipitée de plusieurs membres qui ne voulurent plus être en contact avec l'organisateur de tant de forfaits.

Pendant son séjour forcé en Angleterre, la faction d'Orléans se forma en comités pour précipiter l'œuvre infernale de démolition sociale entreprise par son chef. Parmi les membres de ces comités, il y avait Menou, futur général de Bonaparte, le duc d'Aiguillon, Alexandre de Beauharnais, de Mirabeau, marquis de Sillery, Victor de Broglie (1), Collot d'Herbois, Fouquier-Tinville, de Vaidel, le duc de Chartres (futur Louis-Philippe), etc.

Alors commença la corruption organisée de l'armée par l'or et les séductions ou les menaces. Les affiliations allèrent empoisonner les garnisons des villes principales. A plus de cent ans de distance, nous voyons se renouveler les mêmes procédés révoltants ; mais ils ne réussissent plus ; on n'est pas arrivé encore, malgré tous les efforts, à révolter les soldats contre leurs chefs et les chefs, sauf quelques rares exceptions maçonniques et sans conséquence, restent incorruptibles.

Et c'est toujours le juif, l'Anglais, le franc-maçon, le protestant, l'orléaniste, qui conduisent la bande cosmopolite à la curée de notre patrie.

« D'Orléans comprenait que, pour qu'il se trouvât porté sur le trône sans effort, dit Montjoie (*Conjuration d'Orléans*,

---

(1) Un membre de sa famille, le duc de Broglie, devait plus tard être l'ennemi d'Henri V et faire perfidement avorter la restauration de la monarchie légitime.

t. III, pages 205-206 et suivantes), et sans qu'il fût obligé de se mettre en évidence, ce qui étoit la chose qu'il craignoit le plus, il falloit que la Convention, qu'on avoit convoquée, fût composée en très grande partie de ses plus zélés partisans. *L'intrigue, l'argent, la violence, toutes les sortes de manœuvres furent employées à cet effet. Il importoit surtout de se rendre maître des Assemblées électorales.* Les orléanistes avoient éprouvé plus d'une fois dans le cours de la Révolution, *qu'aucun succès ne devenoit impossible quand on parvenoit préalablement à comprimer les âmes par une forte terreur.* Ils eurent recours, dans cette circonstance, *à une ressource si monstrueusement atroce que, dans aucun siècle, les scélérats les plus habitués au crime n'avoient rien connu de semblable. Le cœur se brise, l'âme se déchire; on rougit, on s'indigne d'être homme, au seul souvenir de cette épouvantable machination.* CES MONSTRES IMAGINÈRENT D'ENVELOPPER DANS UN MASSACRE GÉNÉRAL, *pendant que les électeurs délibéreroient, tous les royalistes, tous les prêtres,* TOUS LES ANTI-ORLÉANISTES DONT ON POURROIT S'ASSURER.

« Quel électeur seroit assez courageux pour refuser le suffrage qu'on lui demanderoit quand on le menaceroit de le traîner parmi les victimes? *C'est ainsi que raisonnoient les orléanistes.* Comme d'ailleurs ils se proposoient d'obtenir un arrêt de mort contre Louis XVI, *ils trouvoient dans la sanglante tragédie qu'ils alloient jouer, l'avantage de lui enlever un grand nombre de ses amis et d'effrayer ceux d'entre eux qui auroient échappé au massacre, de manière qu'ils n'osassent le défendre, ni apitoyer le peuple sur son sort.*

« Pétion et Manuel, dont la postérité ne prononcera les noms qu'avec horreur, organisèrent cette boucherie et ils cherchèrent leurs bourreaux *non parmi les Parisiens,* A QUI IL FAUT BIEN SE GARDER D'IMPUTER LES CRIMES DE LA RÉVOLUTION; *ils en ont été, hélas! plutôt les victimes que les instruments;* ils les cherchèrent parmi les brigands que Montesquiou avoit poussés du Midi dans Paris.

« L'Assemblée législative donna, en quelque sorte, le signal du carnage; elle décréta qu'il seroit fait une visite domiciliaire. Elle se fit dans les ombres de la nuit. Dès les six heures du soir, chacun fut prisonnier dans sa maison. Tandis que des hommes armés gardoient les barrières, toutes les avenues des quais et des rues, toutes les issues qui conduisent à la rivière, d'autres pénétroient dans le domicile des citoyens et enlevoient ceux que la faction avoit désignés; les prisons furent engorgées.

… « Le 2 septembre, les assassinats commencèrent. Il s'établit dans l'intérieur de chaque prison une sorte de tribunal qui livroit les victimes aux bourreaux… Dans l'intérieur du palais de la justice, il y avoit un tribunal de sang, qui influoit sur les exécutions ordonnées par les tribunaux particuliers... *On avoit en outre formé un comité auquel on recouroit DANS TOUS LES CAS OU ON DOUTOIT SI UN PRISONNIER ÉTOIT OU N'ÉTOIT PAS ANTI-ORLÉANISTE.*

... « Le sang coula à Paris dans plusieurs prisons pendant trois ou quatre jours; dans quelques-unes, pendant quatre et cinq jours. A Bicêtre, il coula pendant une semaine entière. Outre Pétion et Manuel, *les principaux ordonnateurs de ces assassinats furent les quatre scélérats* QU'ON APPELOIT LES QUATRE MINISTRES D'ORLÉANS, savoir : Danton, Laclos, Sillery, Condorcet.

... « On peut évaluer, sans crainte d'enfler le calcul, de douze à quinze mille le nombre des malheureux qui furent égorgés dans le mois de septembre.

... « CES ASSASSINATS COUTÈRENT A D'ORLÉANS DES SOMMES IMMENSES; LE SEUL MARAT EUT DE LUI QUINZE MILLE LIVRES. Le premier fruit que le prince recueillit de tant de nouveaux forfaits fut, comme il s'y étoit attendu, d'éloigner de l'Assemblée qui alloit paraître sous le nom de Convention nationale, tous les hommes qui avoient quelque modération et de la remplir de ministres de ses cruautés. *Les électeurs voyant la hache des bourreaux levée sur leur tête, votèrent comme l'on voulut.*

... « D'Orléans s'attendoit qu'une telle Assemblée mettroit sur-le-champ le Roi en jugement, le condamneroit à mort et lui donneroit sa couronne; mais il étoit de la destinée de ce conspirateur de voir toutes ses espérances confondues au moment même où il paraissoit impossible qu'il ne recueillit pas le fruit de ses infernaux projets ».

Le 10 août avait été pour Egalité comme un arrêt de mort. Il s'était flatté de poser sur sa tête la couronne qui venait de choir du front de l'infortuné Louis XVI, et il entendit proclamer la République. Ne sachant où se réfugier, car aucun Etat n'aurait voulu désormais le recevoir, il résolut de poursuivre son rôle jusqu'au bout.

En donnant à la Convention de nouveaux gages sanglants, il espérait rester le premier candidat pour une royauté nouvelle et cependant il dégoûtait même ses complices.

« La grande victime est traduite devant ses accusateurs, dit l'auteur des *Six ducs d'Orléans*. On remarque, dans les tribunes, *un tout jeune homme, le propre fils de Philippe-Egalité (le futur Louis-Philippe)*, MAUDISSANT SON AGE ET LE SORT QUI NE LUI DONNAIT PAS QUALITÉ POUR FRAPPER. Quant à Egalité lui-même, on le voyait se tordre sur son siège pendant que le Roi-Martyr en imposait à tous par la sublimité de son calme et de ses réponses. « *Mais à l'entendre, s'é-criait-il, ne dirait-on pas qu'il est innocent !* » Et, témoin de l'impression produite par la victime : — « Eh bien! conti-nuait-il, vous verrez qu'ils ne le condamneront pas! »

Quatre fois le régicide est mis aux voix et quatre fois *Philippe-Égalité* réclame dans le forfait la part la plus large. A la troisième question, il lit cette réponse : « UNIQUEMENT OCCUPÉ DE MON DEVOIR, CONVAINCU QUE TOUS CEUX QUI ONT ATTENTÉ OU ATTENTERONT PAR LA SUITE A LA SOUVERAINETÉ DU PEUPLE MÉRITENT LA MORT, JE VOTE LA MORT!!! »

Marat et Robespierre sont stupéfaits d'un pareil cynisme; Duprat, dont les violences sont restées célèbres, avait voté pour Louis XVI, à la deuxième question, par horreur d'Éga-lité.

Les sans-culottes eux-mêmes, les tricoteuses, toute la Convention se dresse, frappée de stupeur, révoltée d'indi-gnation. Un cri de flétrissure s'échappe de toutes les poi-trines : « *Oh! le monstre!!! Oh! l'horreur!!!* » De tous les côtés, ce sont des gestes de mépris, des hurlements de malédiction.

« Dans le court intervalle qui s'écoula entre le premier interrogatoire de Louis et le jour où l'on procéda à son jugement, dit Montjoie (*Conjuration d'Orléans,* pages 230-232), une foule de gens de lettres, bravant les vengean-ces de d'Orléans, jeta dans le public des écrits lumineux en faveur de l'accusé. J'osai me mêler à ces athlètes courageux; je tirai le rideau de la faction d'Orléans; je dévoilai les vues du prince; je fis voir l'usurpateur prêt à s'asseoir sur le trône qui venait d'être renversé; je prédis à Saint-Fargeau, à Gorsas, à Condorcet, à Carrier, à Robespierre, à Couthon, à Bourbotte, à Soubrany, à Marat, à Hérault de Séchelles, à Pétion, à Danton, à Lacroix, la terrible mort qu'ils ont faite depuis; je prédis à tous les épouvantables fléaux qu'ils alloient faire descendre sur la France et sur leur propre tête. Hélas! c'étoit la voix de Cassandre; on ne m'écouta pas.

« Ces écrits ne laissèrent pas de répandre de grandes lumières, et *je puis dire que la masse du peuple français, si* L'ON VEUT BIEN NE PAS HONORER DE CE NOM LES BRIGANDS DE D'ORLÉANS, *désapprouva, détesta le sacrifice qui alloit se con-sommer. On a depuis demandé pourquoi donc le peuple de Paris, notamment, ne l'avoit pas empêché.* LA RÉPONSE EST COURTE : IL ÉTOIT ENCHAINÉ. Il paraîtra fort singulier à la postérité qu'on reproche à un peuple sans force de n'avoir point fait ce que toutes les puissances de l'Europe, qui avoient alors sur pied des armées formidables, n'ont pu faire.

« *Les orléanistes comprenoient bien que le peuple n'étoit*

pas pour eux (1) ; *ils tinrent le glaive sans cesse levé sur la tête des votants ; ILS LES ENVIRONNÈRENT D'ASSASSINS ;* ils contraignirent des prêtres, des ministres d'une religion qui abhorre le sang, à voter pour la mort ; le président des jacobins criait dans leur société : « *Je suis en insurrection, moi ; j'assassine le premier rolandiste, brissotin, feuillant et girondin que je rencontre !* Ce qui voulait dire en d'autres termes : « *J'assassine le premier député qui ne votera pas pour la mort de Louis XVI !* »

« Dumouriez, dans ces orageuses circonstances, étoit venu à Paris sans y être appelé par aucun prétexte plausible ; il y avoit fait entrer furtivement des officiers et des soldats dont il ne porte le nombre que de trois à quatre mille, mais que des personnes plus instruites portent jusqu'à vingt mille. Il a prétendu depuis qu'il avoit fait entrer clandestinement ces forces dans Paris pour sauver Louis XVI. *La vérité est qu'il ne vit pas un seul ami du monarque ET QU'IL VIT CHAQUE NUIT D'ORLÉANS ET LES PRINCIPAUX CONJURÉS ORLÉANISTES.* Il est hors de doute que trois mille hommes bien armés, auxquels se seroient certainement réunis plusieurs royalistes, lui eussent suffi pour arracher le prisonnier des mains de Santerre. L'histoire prouvera que Dumouriez n'étoit venu à Paris et ne s'y étoit environné d'une force considérable QUE POUR PROTÉGER MOMENTANÉMENT LES JUGES DE LOUIS *et que son intention étoit, lorsque le monarque seroit mort,* DE DISSOUDRE LA CONVENTION NATIONALE, ET DE FAIRE PROCLAMER PHILIPPE ROI ».

Le 21 janvier, quand la royale victime fut conduite à l'échafaud, le monstre, pour mieux se repaître du supplice et le contempler de ses propres yeux, vint avec son fils (futur Louis-Philippe) se placer près du Garde-Meubles, à l'angle des Champs-Elysées, place Louis XV.

Des témoins oculaires, qui les observaient attentivement, virent le sourire sur leurs lèvres et une joie féroce dans leurs yeux quand la tête de Louis XVI roula sous la hache de la guillotine et quand elle fut montrée au peuple par le bourreau.

Avec son odieux fils, qui se faisait appeler, lui aussi, Egalité, il applaudit les tigres qui trempaient leurs piques dans ce généreux sang. Ils assouvirent leur haine jusqu'au bout ; ils restèrent jusqu'à ce que le corps eût été emporté. Philippe-Egalité gagna le Palais-Royal, où il monta dans une voiture élégante, attelée de six chevaux, et alla dîner au Raincy, l'une de ses maisons de campagne. Quant à son fils, il était parti immédiatement pour la frontière.

(1) Encore aujourd'hui, le peuple n'est pas avec ceux qui livrent la France à l'étranger.

La juiverie et la franc-maçonnerie anglaise se sont servi d'Egalité, grand-maître de la franc-maçonnerie dite française, en surexcitant son ambition, pour détruire la Monarchie légitime, dont la suprématie européenne gênait l'Angleterre, et atteindre par suite au cœur le catholicisme et édifier leur domination sur tant de ruines et de forfaits.

Elles l'ont abandonné à son misérable sort quand il eût accompli toutes les iniquités, toute l'infâme et sinistre besogne qu'elles lui avaient tracées et qu'il se fût rendu impopulaire par l'horreur de ses crimes.

Il est bien attesté par les historiens, contemporains de ces saturnales, qu'il n'y eut pas parmi le peuple ce mouvement révolutionnaire que tous nos démocrates, même dits chrétiens, célèbrent avec tant d'emphase, et qu'il fallut faire appel aux bandits, aux coupe-tête étrangers pour terrifier Paris et entraîner dans la voie farouche du désordre et du massacre tous les gens sans aveu.

La souveraineté du peuple, le système constitutionnel, le régime parlementaire, en un mot la démocratie est née d'un parricide ; ses origines sont sanglantes, criminelles, entachées de forfaiture.

La France ne trouvera pas grâce devant Dieu tant qu'elle ne l'aura pas répudiée et qu'elle n'aura pas fait amende honorable, car le parricide pèse sur elle, depuis plus de cent ans, de tout le poids de sa malédiction.

Laval. — Imprimerie A. Goupil.

BIBLIOTHEQUE NATIONALE
Désinfection 1984
N° 10478

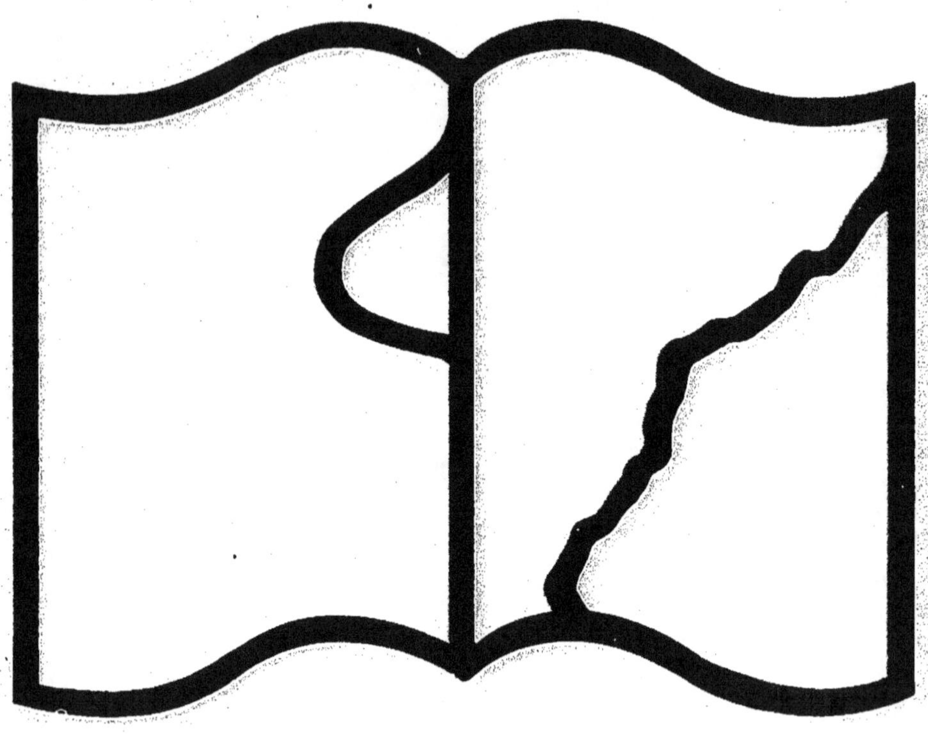

Texte détérioré — reliure défectueuse

NF Z 43-120-11

www.ingramcontent.com/pod-product-compliance
Lightning Source LLC
Chambersburg PA
CBHW061354050726
47595CB00005B/2240